DANIEL-LESUEUR

UN FOYER DU SOLDAT

Mather

ERT

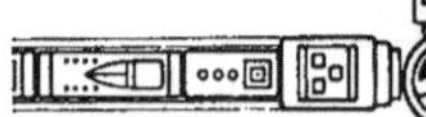

DANIEL-LESUEUR

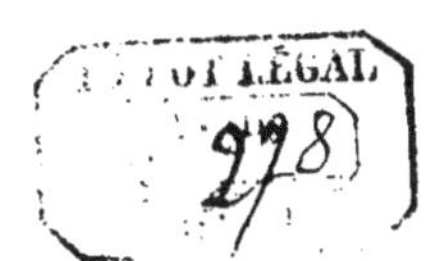

UN FOYER DU SOLDAT AU FRONT

LE

Foyer du Soldat Mary Mather

A L'ARMÉE DU GÉNÉRAL HUMBERT

LA RENAISSANCE
10, rue Royale
PARIS

LE

Foyer du Soldat Mary Mather

ŒUVRE FRANCO-AMÉRICAINE AU FRONT

FONDATRICES

Mme DANIEL-LESUEUR — Mme MARY MATHER

Le Foyer du Soldat Mary Mather

EST DIRIGÉ PAR

Mme MARY MATHER... ... ... *Américaine*

AVEC LA COLLABORATION DE

Mme DANIEL-LESUEUR ... ... *Française*
Mlle MADELEINE DELACOUR »
Mlle SUZANNE DELACOUR ... »
Mlle FERNANDE BOUSQUIN ... »
Miss CAROLINE DUER. ... ... *Américaine*
Mrs CLAPP .. .. »
Miss THÉODORA LAROCQUE.. »

CETTE PLAQUETTE A ÉTÉ TIRÉE
A 250 EXEMPLAIRES NUMÉROTÉS

ELLE N'EST PAS MISE DANS LE COMMERCE

Exemplaire N°

UN FOYER DU SOLDAT
AU FRONT

LE
Foyer du Soldat Mary Mather

A L'ARMÉE DU GÉNÉRAL HUMBERT

LE GÉNÉRAL HUMBERT, COMMANDANT EN CHEF LA ...e ARMÉE ET SON ÉTAT-MAJOR.

LE GÉNÉRAL PÉNELON, COMMANDANT LE GÉNIE DE LA ... ARMÉE VISITANT LE FOYER.

FOYER DU SOLDAT MARY MATHER.
(ARMÉE DU GÉNÉRAL HUMBERT.)

Si l'on savait vraiment à l'arrière ce qu'est le Foyer du Soldat au front, le bien qu'il peut faire, la reconnaissance émouvante qu'il suscite, le magnifique instrument d'apaisement social qu'il représente, on verrait se produire, surtout parmi les grands industriels, un mouvement ardent pour la multiplication des « Foyers » aux armées.

La générosité publique est inlassable — comme elle doit l'être d'ailleurs — envers ceux qui font la guerre ou ceux qui en sont les victimes, envers ceux qui assurent, et à quel prix ! la vie immortelle de la France. Un appel à cette générosité en faveur des Foyers du Soldat au front ne manquerait pas d'être entendu. Mais un autre sentiment que la générosité doit être éclairé sur cette question afin d'intervenir pour activer l'effort nécessaire. Ce sentiment est le souci de l'entente sociale dans l'après-guerre, un souci qui, de la part des classes riches, a le droit d'être intéressé et de l'avouer, si c'est par un geste de large fraternité qu'il se libère.

Ayant eu le bonheur et l'honneur de participer à la fondation d'un Foyer du Soldat dans un cantonnement du front, et continuant ma collaboration à cette œuvre, je peux dire exactement en quoi elle consiste, de quels points de vue il faut la considérer, ce qui constitue un Foyer modèle, ce qu'il est souhaitable d'y apporter et prudent d'y éviter.

❧ ❧ ❧

D'abord, qu'entendons-nous par « le front » quand il s'agit d'un Foyer ? Naturellement ce n'est pas la ligne de feu. Le front est une zone immense où vivent des millions d'hommes, qui ne sont, si j'ose m'exprimer ainsi, que momentanément des combattants. Les régiments engagés dans une action ou sur le point de s'y jeter, peuvent — et devraient toujours — emporter dans le cœur l'image d'un de ces Foyers, d'un de ces « homes de guerre » où des tendresses féminines essayèrent de mettre comme un sourire des temps heureux dans leur rude et précaire existence. Toutefois, ceux qui sont en pleine lutte n'ont ni la possibilité, ni le loisir, ni le goût des distractions laissées au cantonnement.

LES FONDATRICES :
Mme MARY MATHER, Mme DANIEL-LESUEUR.

Mais, en arrière de cette ligne brûlante où l'être humain est tendu formidablement dans sa tâche héroïque et où il voisine sans cesse avec la mort, représentez-vous l'existence moins immédiatement menacée, mais d'autant plus aride, des millions de soldats qui travaillent à la guerre autrement que les armes à la main. Ceux qui viennent de quitter cette ligne, ceux qui y monteront demain, ceux qui en sont revenus et que leur âge, ou la mort de plusieurs frères, ou toute autre raison militaire en retient éloignés. Imaginez, après les exténuants travaux du jour, ce que peut être, pour tous ceux-là, l'heure mélancolique où le soir tombe, et où il leur est permis de disposer de leur temps.

Il est six heures. Le soldat a mangé la soupe. Sa soirée est libre. Qu'en fera-t-il ?... La cinquième année de la guerre commence. Pendant les trois ou quatre premières, il a été dans les tranchées. Il a vécu les heures de bataille. Maintenant, il est devenu plus ou moins le manœuvre de cette gigantesque usine de gloire et de mort. Il y exerce un métier, qui n'est souvent pas le sien, celui qu'il aime. Il pourrait presque se croire revenu à la vie civile. Et c'est pour cela justement qu'une détresse encore inconnue le guette. Où le danger cesse, voici que naît le morne ennui. Plus sa journée aura ressemblé aux anciennes journées laborieuses de la paix, plus âpre surgira la sensation d'éloignement des siens, de solitude, parmi l'universelle indifférence d'hommes semblables à lui, qui, souffrant la même secrète angoisse, ne veulent pas la voir chez autrui, pour ne pas trop la découvrir en eux.

Par les longues soirées d'été ou les sombres soirées d'hiver, ils traînent la lassitude de leurs corps et l'amertume de leurs âmes. Que faire ?... S'ils veulent écrire à leur famille, c'est avec un crayon, sur leur genou, qu'ils griffonnent. Sont-ils dans un endroit dénué de ressources, rien ne leur offrira l'ombre d'une petite joie. S'ils sont proches d'une ville, les médiocres tentations de l'estaminet, du cabinet de lecture, du cinéma, attireront hors de leurs poches un argent trop vite dépensé. Une fois le porte-monnaie vide, le cafard naîtra mieux sur le terrain du regret.

Voyez-les par la pensée, comme je les ai vus si souvent en réalité, déambuler tristement sur la route, par un soir doré d'août, dans la poussière des interminables convois. Soudain, voici qu'un écriteau attire leur regard : « FOYER DU SOLDAT MARY MATHER A CINQ CENTS MÈTRES. » Une flèche indique la direction. Ils s'étonnent. C'est d'abord une exclamation de joie. Puis une hésitation timide.

— Est-ce qu'on peut y entrer comme ça ?

— Peut-être bien.

— Tu crois, toi ?

— Pour voir.

— Alors, c'est dit... On y va.

Ils avancent. Voici une porte, surmontée de drapeaux. Les couleurs d'Amérique et d'Angleterre se mêlent aux couleurs de France.

Nos hommes se décident. Ils entrent. La vue de nombreux uniformes bleu horizon les enhardit. Quand nous disons « uniformes », c'est qu'il n'y a pas d'autres mots. Mais que de tenues diverses ! A côté de jeunes cavaliers presque coquets, à qui les bottes éperonnées donnent un petit air fringant, voici de vrais tâcherons, des pépères, dont le bourgeron et la cotte délavés n'inspirent aucune idée de revue ou de parade.

Qu'ils viennent, ceux-ci, oh ! qu'ils viennent ! Quel sourire sera assez accueillant, quelle parole assez douce pour mettre un rayon dans leurs cœurs, qui en ont tant besoin !

Les voici qui pénètrent dans la salle de correspondance. C'est une ancienne salle d'école. Des bancs étroits, des pupitres où s'encastre l'encrier, et sous lesquels court un long barreau de bois tout usé par des pieds d'enfants. Cela déjà distrait nos amis. Ils rient, mais tout doucement, car il y a là une dame, et ils sentent, avec leur joli instinct français, qu'on doit se tenir ici autrement qu'à la caserne.

— On se croit encore en classe, dit l'un gaiement.

— Dame, moi, il n'y a pas quatre ans que j'y étais encore, fait un petit hussard.

Nous nous excusons sur l'exiguïté du mobilier.

— Oh ! Madame, c'est tellement mieux que d'écrire sur son genou !

Un autre ajoute :

— C'est ma femme qui va être étonnée de recevoir une lettre écrite à l'encre !

Le savez-vous, y songez-vous assez, à l'arrière, que d'écrire une lettre sur un pupitre, avec une bonne plume, avec de l'encre, sur du papier bien net, timbré au Foyer, et de glisser cela dans une solide enveloppe, ce puisse être une nouveauté délicieuse, un petit événement appréciable pour soi et pour sa famille ?

Cependant, au dehors, sous le grand sapin, au centre de la cour, de longues tables sont alignées. Rapidement, elles se couvrent de jeux de dames, de dominos, de petits tapis sur lesquels s'organisent les parties de cartes. Chaque soldat qui emprunte un jeu inscrit son nom, puis le raye lorsqu'il rapporte l'objet. Là-bas, le long du mur fleuri, où glisse un déclinant reflet rose, la partie de boules groupe joueurs, amateurs et curieux. Au-dessus, les avions glissent contre le ciel. Pour nombreux qu'ils soient ici, jamais on ne se lasse de les voir évoluer, parfois si bas qu'on croit échanger un regard avec le pilote. Chers oiseaux de jour, différents des oiseaux de nuit, dont on reconnaît aussi le souffle plus saccadé, et qui nous gâtent les beaux clairs de lune, en nous forçant à chercher quelque grippe dans le souterrain du vieux couvent.

A l'heure du Foyer — de six à neuf — on ne pense pas aux méchantes visites. Le gramophone égrène ses airs dans une vaste salle, sur les tables de laquelle sont répandus les journaux du jour, les revues et les illustrés de la semaine. Toujours comble, cette salle de lecture et de musique. La musique, ô consolatrice !... Nous avons vu des hommes

DANS LA COUR DU FOYER

LA DISTRIBUTION DU CAFÉ CHAUD.

rester pensifs, dans une immobilité de statue, pendant les trois heures de suite où se succédaient les marches, les morceaux d'opéra, les vieilles ou les jeunes chansons, les sonneries de trompes, les tendres ritournelles d'opérette. Et quand sont venus ces Ecossais, en kilt, avec le petit bonnet enrubanné sur la nuque, et que le piano s'est ouvert, et qu'une de nous a pu les accompagner dans le chant de leurs airs nationaux, nous avons vu les larmes couler des yeux clairs sur les joues couleur de brique. La musique, pour le soldat, loin de son pays, loin de sa famille, c'est l'enchanteresse qui berce l'âme. Un gramophone suffit à accomplir le miracle. Qui n'a pas vu, comme nous, les visages des hommes groupés autour de l'instrument magique, ne se doute pas de ce qui peut se concentrer d'émotion humaine dans une humble salle, entre quatre murs nus, contre lesquels se groupent des drapeaux, où s'accrochent quelques feuilles en couleurs représentant nos généraux les plus aimés. Cadre modeste d'un modeste Foyer. Mais certaines minutes passées là comptent parmi les enseignements profonds de la guerre.

A l'abri d'un hangar, sur le côté opposé de la cour, sur une table de bois blanc bien lavée, fume un grand broc de café et s'alignent des

SOLDATS ITALIENS ET FRANÇAIS AU FOYER.

« quarts » étincelants. Le broc est rempli plusieurs fois par soirée. De sept à huit heures, tout homme qui vient là reçoit son quart de café brûlant. Ensuite, il rince son gobelet dans des seaux d'eau claire alignés sous la table, il le secoue et le replace soigneusement.

— C'est fameux !... du vrai café... Ce n'est pas du jus, disent-ils en riant.

Une bibliothèque leur offre des livres, qu'ils peuvent emporter au dehors. On prend le numéro du volume, le nom du soldat. Nous recommandons de le rapporter dans la huitaine.

— C'est tout ? demandent quelques-uns. Pas de dépôt de garantie ?

Et ils ajoutent :

— C'est imprudent, madame. Demandez au moins le numéro du régiment.

— A quoi bon ? Nous n'irions pas dans un régiment faire punir un soldat pour un livre. Quant à un dépôt, nous ne consentirons jamais à ce qu'il y ait même un centime échangé pour n'importe quelle raison entre vous et nous. Voyez, d'ailleurs, notre registre : tous les volumes reviennent régulièrement. Laissez-nous la joie d'avoir confiance en nos soldats.

On échange là-dessus de bons sourires. Et n'est-ce pas plus efficace que toutes les précautions ? Jusqu'à présent, le système nous a réussi. Pour quelques volumes qui s'égareront forcément, nous priverions-nous de cette atmosphère harmonieuse, dont les plus rudes mêmes parmi ces hommes sentent la délicatesse. N'est-ce pas là ce que nous voulons surtout leur donner ? Un sentiment familial, un peu raffiné même, où leurs âmes se plaisent, qui les soulève d'une vague fierté.

Comme il est aisé de constater l'effet sur eux de ce qui vient du cœur ! Mais qu'il est difficile de décrire en paroles précises la merveilleuse douceur qui se crée jour à jour, qui s'épanouit, qui s'étend, qui gagne l'un, puis l'autre, de ces êtres si divers, d'abord un peu défiants, et qui viennent peu à peu dans le cercle magique, comme de grands enfants ravis.

Ce que des femmes qui s'occupent ainsi de nos soldats, simplement, cordialement, sans familiarité – nous leur disons toujours « monsieur » avec le tact que donne une vraie tendresse, peuvent recueillir de subtiles récompenses, de mots profonds, de gratitude naïve, de respect ingénieux, est impossible à dire. Rien au monde n'est plus émouvant.

Mais n'est-ce pas justement en ceci que réside le secret d'une efficace action sociale ? Que de malentendus entre les classes pourraient s'évanouir là, sans propagande ni discours, rien que dans le va-et-vient quotidien, dans la cordiale ambiance du « Foyer ».

S'il y en avait beaucoup qui se donnent tant de peine pour nous autres ! nous disait un soldat, les choses changeraient. Mais on se moque bien de nous à l'arrière !

Et un autre :

— C'est si bon ici, madame ! On voudrait bientôt que la guerre ne finisse pas.

Ne croyez pas à des paroles flatteuses. Rien n'est moins courtisan que le soldat. Il sait ce qui lui est dû. Il a raison. Même il serait plutôt porté à trouver qu'on n'en fait point assez. En quoi il n'aurait pas tort. Mais c'est la façon de faire qui fond sa résistance, qui ouvre la porte close de son cœur, qui met sur ses lèvres des paroles d'une grâce inattendue.

Mais tous ces soldats, ce seront les hommes qui, rentrés demain dans leurs foyers, dans leurs vrais foyers, à eux, se rappelleront leurs années de sacrifice et songeront peut-être à en revendiquer le prix.

Jamais la France ne serait assez riche pour les payer, si elle n'y mettait ce qui fait la valeur de nos modestes dons à ces êtres magnifiques, c'est-à-dire beaucoup d'amour.

Même quand nous leur refusons, ils éprouvent que nous en souffrons plus qu'eux.

SOLDATS ITALIENS ET FRANÇAIS DANS LA SALLE DES JEUX.

— Peut-on emporter un peu de tabac, madame ? Il est si rare ! demande l'un, qui vient de bourrer sa pipe à la grande jatte pleine des petites feuilles dorées, offerte dans chacune de nos salles.

— Oh ! monsieur, je regrette tant !... Mais, voyez-vous, nous avons nos bons pour acheter ce tabac à l'intendance, et nous sommes à peine sûres d'en avoir pour vous et vos camarades tous les soirs jusqu'à la fin du mois...

— Ah ! vous le payez donc ?

— Mais oui. Et nous en sommes trop contentes. Vous offrir à chacun une pipe ou une cigarette, chaque soir, c'est une joie. Alors, vous me faites le cœur gros en me demandant d'en emporter, parce que cela priverait les autres et que c'est impossible.

L'homme est désolé. Non pas à cause du tabac, mais à l'idée que sa demande m'a légèrement contristée. Il s'excuse, et si gentiment ! Après une petite indiscrétion de ce genre, l'un, ne sachant comment se faire pardonner, a offert à Mlle Mary Mather, notre admirable chef de section, son petit fétiche de Nénette et Rintintin, auquel il tenait certainement, comme ces grands enfants tiennent à leurs si rares petits trésors

Mais ce qui a le plus de succès à notre Foyer, ce sont les cours d'anglais. Trois cours : élémentaire, moyen et supérieur. Chacun deux fois par semaine.

J'ai pris l'élémentaire, comme Française, pour faciliter les débuts à ceux qui n'ont jamais entendu ou prononcé un mot d'anglais. J'ai plus de soixante soldats dans ma classe. Entrez-y. Voyez, assis autour des tables, cette foule d'élèves en bleu horizon, dont l'âge varie entre vingt et quarante ans. Pas un professeur de France n'a, je l'affirme, un auditoire plus attentif. J'écris les mots au tableau noir. Je forme les phrases, les questions. Chacun répond à son tour. S'il se trompe, je jette un coup d'œil circulaire. Le terme exact jaillit de tous côtés. A la quatrième leçon, nous tenons de vrais petits dialogues. Et certains gaillards de qui les Boches gardent un redoutable souvenir, rougissent en s'efforçant de prononcer l'*h* aspirée ou le *th*, si déconcertant pour l'articulation française.

— Messieurs... messieurs !... J'entends un son sifflant. Le *th* ne doit pas siffler. Allons, tous ensemble ! Et la langue entre les dents.

Je donne l'exemple. Pas un seul n'a l'idée d'une mauvaise plaisanterie. Pas un. Jamais. Nous avons journellement au Foyer cinq à six cents hommes. Certes, il doit y avoir parmi eux des beaux esprits de caserne... Comment dit-on ? des « rigoleurs ». Jamais, pas une fois, pas une fois, entendez bien, nous n'avons été gênées par un mot vif, un rire équivoque.

La tenue des soldats, dans un Foyer dirigé par des femmes, est quelque chose d'extraordinaire, de profondément beau et touchant. Des officiers s'en sont préoccupés, nous ont demandé de nous adresser à eux à la moindre incartade. Nous sommes absolument sûres de ne jamais avoir à le faire.

Comprend-on maintenant ce qu'est, ce que doit être un Foyer du Soldat au front ? Les soldats qui y trouvent un réconfort moral et physique, qui y voient la preuve du tendre souci de l'arrière, qui y rencontrent le dévouement effectif, l'abnégation, le travail quotidien de celles qui — comme ils disent — pourraient aller soigner leurs grippes dans des stations agréables et de tout repos, au lieu de venir en attraper dans les souterrains où les fixent pour des heures les bombardements nocturnes ; ces soldats seront les civils de demain, les paysans, les ouvriers, les petits fonctionnaires, dont les souvenirs amers ou attendris, fiers ou révoltés, de la grande guerre, détermineront l'orientation sociale et politique.

Le groupe des Foyers dont je fais partie fut fondé, et est encore dirigé par des Anglaises et des Américaines. Nos soldats devront-ils garder toute leur reconnaissance à ces admirables alliées ? Ne serait-il pas bon que de l'argent français, que des dévouements féminins français multipliassent l'œuvre bienfaisante ?

Un Foyer modèle, comme le Foyer du Soldat Mary Mather dont je viens de donner une faible idée, coûte environ 3.000 francs à établir et 1.500 francs par mois à entretenir. La guerre ne se prolongera certes pas maintenant au delà d'une année. La dernière année pour nos soldats : la plus dure. La dernière année où tant de Français pour qui 20.000 francs est une petite somme, auront la chance de répandre à ce prix la semence de fraternité, de paix sociale, qu'ils ont tant d'intérêt à voir lever.

Nos grands chefs sont tous favorables à l'établissement de tels Foyers Ils les souhaitent. Ils les réclament ardemment.

Le devoir est là. L'intérêt aussi. Je fais appel à l'un et à l'autre, car peu importe d'où vient la douceur que je vois ici, et que je voudrais imaginer semblable partout dans toutes nos armées, pour nos chers et admirables soldats.

UN MATCH DE « DAMES » SOUS LE SAPIN BOULE.

QUELQUES PAROLES
A DES SOLDATS

DANS LA SALLE DE CORRESPONDANCE ET LA BIBLIOTHÈQUE.

MES CHERS AMIS, (1)

Car, enfin, je peux vous dire ce mot qui me gonfle le cœur : « mes amis ». Vous êtes là, en grand nombre, et cela m'y autorise. Lorsque, chaque jour, je vous parle individuellement, je vous dis : « Monsieur ». Il faut bien. Je n'ai pas le droit de vous donner un nom familier, affectueux, comme celui que vous échangez entre vous et qui est si gentil : « Mon pote, mon poteau. » Je le regrette. Un bon poteau, bien droit, solidement planté, n'est-ce pas à cela qu'on s'appuie, qu'on se cramponne dans la tourmente ? Et vous êtes cela pour nous, nos soutiens admirables, vous dont la rangée compacte, dont la palissade vivante se dresse entre nous et le péril, se resserre infranchissable devant l'envahisseur monstrueux.

Je ne pensais pas vous parler ce soir. Interrompre ce joli concert

(1) Allocution prononcée au Foyer du Soldat Mary Mather. (Août 1918.)

par un pauvre petit discours, n'est-ce pas dommage ? Mais je suis en service commandé. Notre chef, que vous allez applaudir tous, la si charmante, si dévouée Mme Mary Mather, m'a inscrite d'autorité sur le programme. L'ordre s'accordait avec le désir de mon cœur, qui n'osait pas. Et me voilà. Mais passablement intimidée.

Que vous dire, en effet, chers amis, que nous ne nous soyons déjà dit, depuis que ce « Foyer » est ouvert ? Oh ! combien nous nous sommes parlé, et le plus souvent sans paroles. Mais comme nous interprétons avec joie vos éloquents sourires, vos beaux et bons regards, vos phrases commencées, et souvent inachevées, et qui disent tant ! votre empressement à venir ici, votre belle humeur dans vos jeux, votre attentive émotion à la musique, votre assiduité à nos cours d'anglais, et votre gentil regret quand neuf heures sonnent et qu'il faut partir ! Oui, votre bonne grâce nous en dit bien plus que des mots. Et, de son côté, ce Foyer ne vous a-t-il pas parlé ? Ne vous a-t-il pas dit avec quelle tendresse nous tâchons que ce soit vraiment un peu pour vous « le foyer », le doux asile où l'on rentre après la rude journée de travail ? Oh ! bien sûr, chers amis, ce n'est pas la maison familiale vers qui s'envolent tous vos rêves, vers qui vous envoyez vos pensées, là, dans notre salle de correspondance. Pourtant, vous vous sentez ici un peu « chez vous ». Des femmes vous accueillent, des femmes qui ont, elles aussi, laissé leur demeure pour vous donner la petite illusion d'en avoir une.

Nous sommes trois qui avons réuni nos petites économies pour fonder ce « Foyer », pour l'alimenter, pour vous offrir des jeux, des livres, du tabac, du café. Nous y apportons notre temps, notre zèle, tout notre cœur. C'est d'abord notre chef, ma chère amie Mme Mary Mather, dont vos acclamations saluent le gracieux et admirable dévouement, puis miss Duer, si active, si bonne, si douce, et... moi. Je ne vous dis pas cela pour nous vanter. Oh ! non. Mais nous voulons être aimées de vous comme nous vous aimons. Nous sommes des égoïstes.

Bien plus que des égoïstes ! Nous sommes des privilégiées. Combien de femmes — dont vous connaissez quelques-unes, n'est-ce pas ? — voudraient être à notre place ! Mais nos vaillantes femmes de France, et d'Amérique aussi, et de tous les pays alliés, sont retenues par d'autres devoirs. Ce sont elles qui vous remplacent à la maison, qui réconfortent et soignent les vieux parents, qui élèvent les enfants, qui font marcher vos industries ou travaillent à vos champs, qui vous attendent avec une abnégation patiente, qui vous écrivent des lettres pour vous réchauffer le cœur. A celles-là vont nos hommages. Nous ne sommes auprès de vous que leurs bien faibles remplaçantes. Et, si peu que nous le soyons, c'est encore pour nous un grand honneur et un grand bonheur.

DANS LA SALLE DE LECTURE ET DU PATHÉPHONE

Songeons avec joie que leur espoir grandit ces jours-ci de votre effort triomphant, de celui de vos frères de toutes nos immenses armées. Nous pouvons nous réjouir, mes amis, en ce beau soir, où passent sur nos têtes les escadrilles d'avions, qui font bonne garde. Oui, nous pouvons être fiers. Je dis « nous » — je devrais dire « vous ». Mais c'est votre œuvre aussi que nous soyons fiers, et que nous, modestes civils, qui adorons notre Patrie, nous partagions la splendeur que vous lui donnez. Nous vous devons cela, ô nos braves ! Les nouvelles sont magnifiques. L'ennemi bat en retraite. Un grand chef me disait hier : « Les Allemands fuient plus vite que nous ne pouvons les poursuivre. » Et pourtant, ce sont de fameux soldats. Mais vous êtes plus grands qu'eux. Le monde entier le proclame. Le monde sait qu'il devra sa liberté, avant tout, à la résistance indomptable de la France. Nous sommes le champ de bataille piétiné, martyrisé. La rage de l'ennemi s'acharne contre la terre adorable qu'il se voit forcé d'abandonner. Il brûle nos villages, nos mines, nos moissons, nos forêts. Mais, chers amis, je suis tranquille. Bientôt vos cœurs ardents, vos bras robustes auront réparé le mal. Vous ferez lever de nouvelles récoltes, vous reconstruirez les maisons, vous retrouverez le filon souterrain, vous replanterez les vignobles. Pour les forêts, vous ne verrez pas l'achèvement de votre travail. Les arbres ont la vie plus lente que les hommes. Mais quand vous aurez dressé en terre les frêles arbrisseaux, vous songerez que dans cent, cent cinquante ans, leurs frondaisons superbes ombrageront des Français libres, heureux, qui vous béniront. Oui, vos fils, vos petits-fils exalteront votre mémoire comme vous exaltez la mémoire de vos pères, de vos grands-pères de 92, qui ont fondé la liberté des peuples, et qui se sont battus en sabots pour chasser hors de France les hordes étrangères.

Mais j'aperçois parmi vous plusieurs de vos camarades italiens. Eux aussi, ils sont une admirable patrie, une patrie sœur de la nôtre. Jamais rien ne séparera plus nos deux pays. Ce sont des pays latins, qui ont dans leur âme toute la beauté de l'idéal antique avec toute l'ardente résolution de fonder l'idéal de demain.

L'Amérique aussi, l'Angleterre, tous nos alliés, veulent combattre et vivre pour cet idéal, qui est celui de l'honneur, de la justice, du respect des nationalités grandes ou petites. Savez-vous ce que c'est qu'une nationalité, une race ? C'est comme une sorte de famille, dont tous les membres ont les mêmes souvenirs, les mêmes goûts, le même avenir, les mêmes coutumes, la même façon de comprendre la vie. On s'y dispute quelquefois — comme dans une famille. Mais on revient toujours autour du foyer. On parle la même langue. On s'embrasse en pleurant quand on se rencontre sur une terre lointaine.

Cela, voyez-vous, c'est sacré. Quand on met la botte sur cela pour l'écraser, on commet le crime des crimes, le plus effroyable sacrilège. Car celui qui vit sous une discipline qu'il ne s'est pas donnée à lui-même, sous une discipline qui répugne à sa pensée et à son cœur, a perdu toute joie de vivre.

Eh bien ! chers amis, c'est pour empêcher à jamais un tel crime que vous souffrez et que vous combattez. Si quelque chose de bien pouvait sortir du plus terrible des maux, on pourrait dire qu'un résultat merveilleux est sorti de cette effroyable guerre. Elle a fait se reconnaître les peuples honnêtes, les peuples nobles. Ils se sont unis à jamais pour rendre la joie de vivre aux petites et aux grandes patries. Après notre victoire, les êtres de même sang, de même race, pourront se grouper sur leur sol bien-aimé, dans leur horizon, vaste ou étroit, mais dans un horizon cher à leurs yeux ; ils pourront suivre la pente de leurs cœurs, travailler aux métiers qu'ils ont aimés de père en fils, cultiver pour eux-mêmes leurs champs, garder leurs lois, leurs usages, leur langue, même leur costume. Et comme chaque peuple travaillera joyeusement à la grande œuvre civilisatrice, le progrès marchera plus vite, par l'allégresse que donnera la liberté et par la richesse qui nait de la diversité.

Vous tous, qui pensez à la France, votre grande et généreuse Patrie, mais qui pensez aussi chacun avec prédilection à votre petite patrie : l'un à sa ville, l'autre à son village, à son champ ou à sa vigne, à son industrie ou à son art, et tous à quelque chère famille groupée en un coin de notre terre bénie, réjouissez-vous, car l'univers devra de tels trésors à votre sacrifice. Soldats de France, d'Italie, de tous les peuples alliés, vous aurez accompli la rédemption du monde. Chacun de vous, du héros le plus glorieux jusqu'à celui qui remplit à son rang la plus humble mission, vous aurez fait tout votre devoir, et vous aurez contribué à l'œuvre immortelle. Vous aurez mérité l'éternelle bénédiction des hommes, et une gloire qui ne s'éteindra jamais.

Vous voyez bien que c'est un grand honneur de faire quelque chose pour vous. Notre Foyer vous le dit. Il vous dit que c'est à nous de vous être reconnaissantes.

TABLE

G. de MALHERBE & Cie
Imprimeurs
12, passage des Favorites
Paris

www.ingramcontent.com/pod-product-compliance
Lightning Source LLC
LaVergne TN
LVHW052021160826
845678LV00003B/1142